Aetna haec impavido vulcania tela ministrat
tela Gigantaeos Debellatura furores

LE

Gazetier Cuirassé :

OU

Anecdotes Scandaleuses

DE LA

COUR de FRANCE.

——— ——— *Nous autres satiriques,*
Propres à relever les sottises du tems ;
Nous sommes un peu nés pour être mécontens.

BOILEAU.

Imprimé à cent lieües de la Baftille à l'en-
feigne de la liberté.

MDCCLXXI.

Explication du Frontifpice.

UN homme armé de toutes pieces, et affis tranquillement fous la protection de l'ar-tillerie qui l'environne, diffipe la foudre, et brife le nuages, qui font fur fa tête à coups de canon une tête coeffée en Méduse, un baril, et une tête à perruque, font les emblêmes parlans des trois puiffances, qui ont fait tant de belles chofes en France : les feuilles qui voltigent à travers la foudre au deffus de l'homme armé, font des lettres de cachet, dont il eft garenti par la feule fumée de fon artillerie, qui les empêche d'arriver jufqu'à lui ; les mortiers auxquels il met le feu font deftinés à porter la vérité fur tous les gens vitieux, qu'elle écrafe pour en faire des exemples.

Avis aux Lecteurs.

LES fautes, qui se font glissées à l'impression font presque inévitables dans un ouvrage imprimé à la hâte, et dans une langue étrangére à celui qui l'imprime ; malgré toute l'attention apportée à la ponctuation, et à l'orthographe, il a été impossible de prevenir des erreurs, que l'auteur n'a pu réparer qu'en les remarquant. Si les lecteurs ont la patience de recourir à l'*errata* ils trouveront la correction de ce qui a parù le plus essentiel ; ce qui a échapé à la revision ne subsisterait pas si cet ouvrage avait besoin d'être aussi correct qu'une grammaire : mais l'auteur a cru qu'il pouvait laisser quelques licences de plus dans un ouvrage qui en fourmille sans courir les risques d'en être garant.

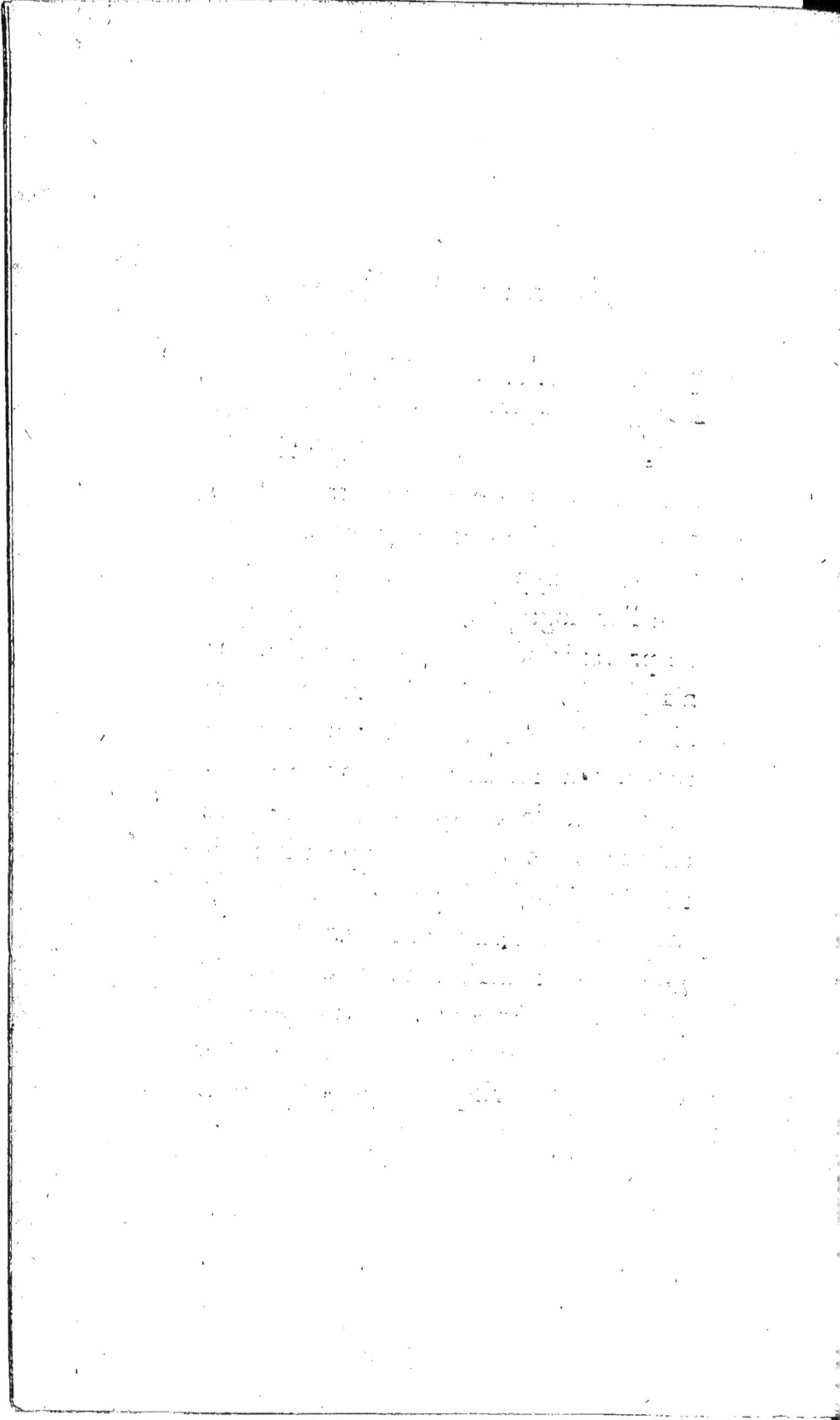

Avant Propos.

JE dois prevenir le public, que quelques unes des nouvelles, que je lui donne pour vraies, font tout au plus vraifemblables, et que dans le nombre même il s'en trouvera dont la fauffeté eft évidente ; je ne me chargerai pas de les débrouiller : c'eft aux gens du monde, qui connoiffent la verité, et le menfonge (par l'ufage fréquent qu'ils en font) qu'il

ap-

appartient de juger, et de faire un choix. Plus il fera févere, plus il fera fage ? Je crois devoir cet avis aux lecteurs qui daigneront m'honorer de leur attention.

Si cet effai eft goûté, et que le public me donne un peu de vanité par fon accueil; je lui prouverai ma reconnaiffance en lui donnant un traité fur la féduction des femmes, qui fera également utile aux jeunes gens, qui entrent dans le monde, et aux vieillards prêts à en fortir; il amufera ceux qui ne pouront rien de plus, et prouvera aux femmes les plus decidées que

ce

ce n'eſt point par leur faute, qu'elles ont ſuccombé puiſque leur défaite eſt fondée ſur des principes in faillibles.

En attendant que je hazarde le traité que je dois publier, je vais partager ma correſpon-dance particuliere avec le pu-blic, en lui demandant le ſé-cret ſur ce que je lui laiſſerai ignorer *ſeulement*.

Il n'appartient pas à toutes les nations de dire ce qu'elles pen-ſent, la baſtille, le paradis de Mahomet (a), et la Sibérie ſont

_____

(a) En France on enferme, en Turquie on etrangle, en Ruſſie on exile dans les Deſerts ; l'un revient l'autre.

des

des argumens trop forts pour qu'on puiſſe leur rien répliquer, Mais il eſt un païs ſage, ou l'eſprit peut profiter des libertés du corps, et ne rien craindre de ſes productions ; c'eſt dans ce païs où les grands ne ſont, que les égaux des moindres citoïens, où le prince eſt le premier obſervateur des loix, que l'on peut parler ſans crainte de toutes les puiſſances de la terre, que le ſage peut juger les extravagances et en rire, en donnant des leçons à humanité dont la barbarie d'un pouvoir injuſte ne le punira pas.

On

On verra dans quelques anecdotes répandues dans cet effai,
qne j'ai été fouvent à portée
de voir ce que je dis de très
près, fi quelquefois j'ai ajouté
à la verité, c'eft pour laiffer
aux gens qu'elle bleffe un moïen de fe defendre, quelque
fois auffi, c'eft une décoration
dont j'ai eu befoin. Ce font
des ornemens qui paraitront
peut-être un peu hardis mais
c'eft un caractere de nouveauté
qui ne deplaira pas a une nation affes fage, pour etre encore
libre.

A

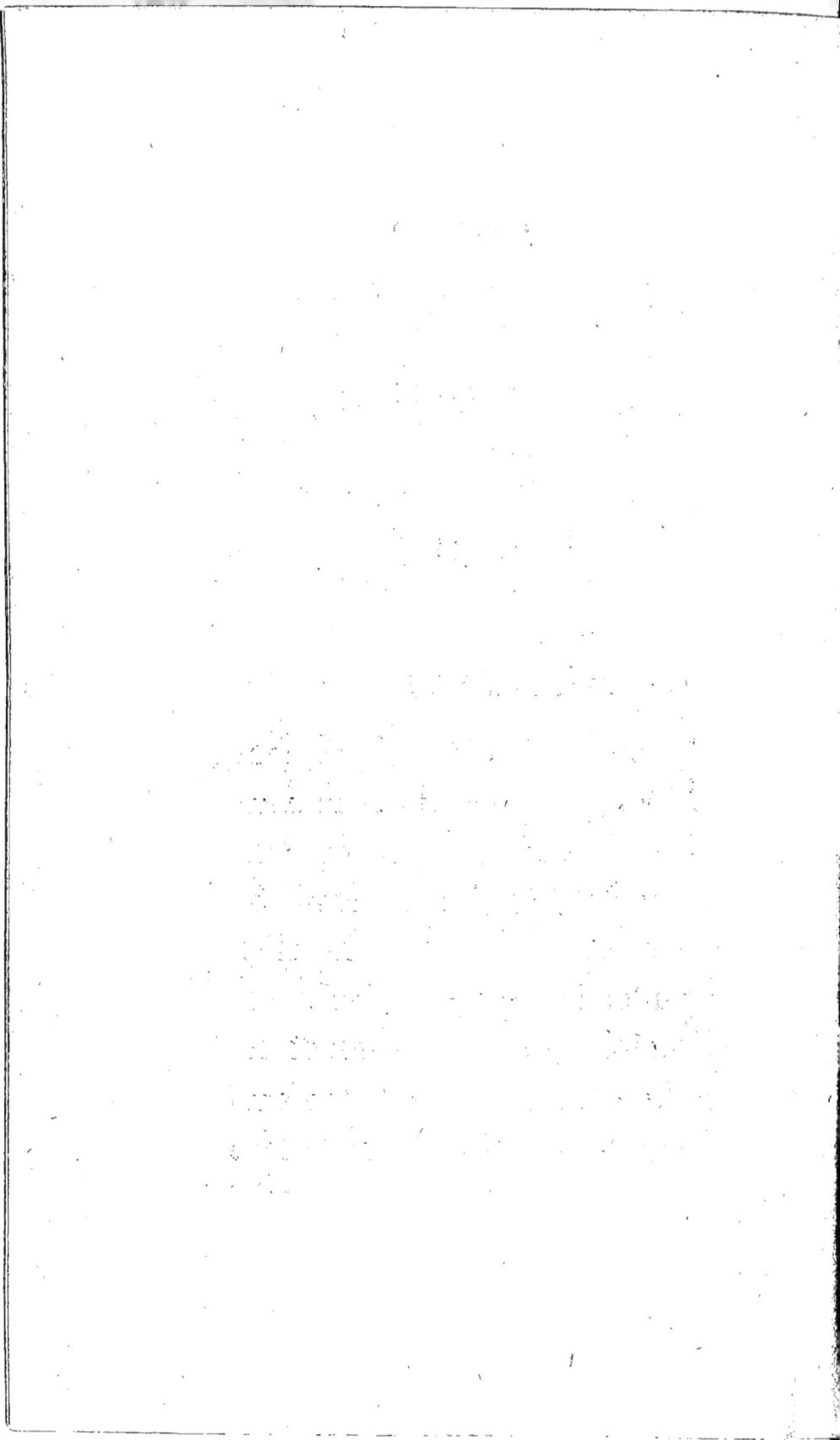

Epitre Dédicatoire

à M O I.

Ma chère perfonne,

JOuifsèz de vôtre gloire, fans
vous occuper d'aucun dan-
ger! Vous en courrez fans
doute? avec les ennemis de
vôtre patrie, dont vous allez
aiguifer la rage, et redoubler la
férocité : mas en révélant les
miftères iniques, qui fe confom-
ment dans le noir fecret de leur
con=

conscience, pensèz ma chère
personne, que vous vengèz des
innocens, et que vous garan-
tissèz peut-être des malheureux,
sur qui la foudre allait tomber ;
Si vous étes la victime de votre
zèle, ennorgueillissez Vous,
de vous précipiter dans ce nouveau Goufre, *plus dangereux,
plus affreux mille fois, que celui
que ferma le courageux Décius ?*
Que son exemple, et la véné-
ration dont il jouit encore de
nos jours, puissent vous main-
tenir dans des dispositions dignes
de l'hommage, au quel vous
aurez droit ! Bravèz les puissan-
ces coupables, que vous ne pou-

vèz

vèz combattre ! faites fremir ces monſtres cruels dont l'ex- iſtence eſt ſi odieuſe, et coûte ſi cher à l'humanité ! et duſ- ſent les cieux tomber ſur la terre pour la préparer a vous engloutir, ſouvenez vous que vôtre meilleur ami, l'homme que vous eſtimez le plus, vous a conſeillé ce que vous devez faire ! Savourés voluptueuſe- ment ſa maxime et oſés tout ſans rien craindre !

Si fraƈtus illabatur orbis,
Impavidum ferient ruinæ.

Je vous connais trop, pour craindre un relachement ſur des prin-

(xii)

principes dont vôtre fermeté me garantit, que vous ne vous écarteréz jamais. Je fuis dans cette opinion, ma chère perfonne.

Votre très humble et très

obeiſſant ſerviteur,

Moi-Même.

Nouvelles Politiques.

TOUS les fecretaires des ambaffadeurs Français qui font creatures de Mr. *De Choifeuil*, font partis *incognito* pour Verfailles avec les correfpondances de leurs maîtres par ordre du chancel... on affure, qu'il y a des gens beaucoup mieux inftruit à faire
les

les coups de main à la cour de France, que dans la forêt de Senar.

Le grand conseil aïant affiégé le palais avec des lettres de cachet, s'en est emparé fans refiftance ; la cour des aides aïant voulu foutenir le choc a été repouffée vivement et s'est retirée à dix lieües de Paris, où elle à pris fes Cantonemens (b).

Le chancel... fuivant la maxime du cardinal Mazarin *Divifez pour regner*, a réparti les membres de l'ancien parlement

---

(b) La cour des aides a ordre de ne pas approcher la Capitale de dix lieües.

dans

dans les Villages les moins connus de la France, et a ajouté à leur exil tout ce qui pouvoit le rendre plus défagréable, il a dit, depuis leur éloignement, qu'il efpere à leur rétour les voir beaucoup mieux inftruits des calamités du peuple, qu'il ne l'étaient en faifant leurs remontrances.

Le Duc de *la Tremouille* vient d'être nommé fecrettement miniftre des affaires étrangéres, et a été préfenté au roi en cette qualité par le Sieur *Gabriel* intendant des bâtimens de fa majefté (c).

(c) Ce duc eft un genie de conftruction, ce qui le place dans le département du S. Gabriel.

En

En inſtallant le nouveau parlement à la place de l'ancien,
le chancel... a fait un diſcours
qui prouve que tous les Français ſont des ſots, qu'il le
ſçait, et qu'il en profitte, et
qu'il y a ſix grands ſcélérats en
France. Après ſon diſcours le
S. Iſabeau a lu trois edits dont
l'un tend à perſuader que le
roi a envie de païer ſes dettes,
le ſecond frappe de mort la
cour des aides pour avoir levé
la main ſur l'arche (d) ; le troiſieme ſubſtitue les membres
chancellans et ſurannés du

_____

(d) On a pretendù, que la cour des aides
n'avait pas de droit de faire des remontrances.

grand

grand confeil, aux robins leftes de la vieille cour. Ces trois édits ont terminé le lit (appellé) de juftice.

Il y a eu quelques morts à Paris depuis quatre mois, qui n'ont pas paru trop naturelles ; mais chacun fe tait à cet égard, ainfi que fur les enlevemens fe-crets qui font impénétrables pour tout le monde, quoiqu'ils fe renouvellent tous les jours (e).

Il a été defendù au nouveau parlement de rien décider dans les occafions importantes fans l'ordre de la cour.

_____

(e) Les exempts de police ont carte blanche pour faire le mal pourvu qu'ils aïent la precaution de le faire en fecret et adroitement.

B   On

On assure que la bastille, et Vincennes sont si pleins de monde, qu'il y a des toiles tendues sur les terrasses, et le donjeon pour loger les soldats, qui font la garde de ces deux châteaux.

On croit que la marine, que l'on a trouvée fort malmenée par un roulier, ne le sera pas mieux par le (f) cheval borgne que l'on a harnaché pour la conduire.

On a fait le dénombrement des maisons de plaisance de sa majesté, en comptant Versailles, la Bastille, Vincennes,

----

(f) Mr. De Boyne.

Marli,

Marli, Bicêtre, &c. on en compte neuf cens fans les maifons religieufes, qui fervent de magazin pour les menus plaifirs (g) du roi. Il y en a un très grand nombre dans lefquelles on trouve des dépots confiderables de gens vendus ou facrifier.

Les princes du fang ont obtenu du roi la permiffion de ne fe mêler de rien, et la liberté de s'abfenter de fes confeils.

Le roi n'aïant plus befoin de confeil avec de Mr. Maup... s'en eft debaraffé au profit du pu-

---

(g) St. Lazare, St. Yon, St. Michel, St. Venant armentieres pontorfon, &c. &c. &c. &c. &c. &c.

blic,

blic, qui à l'avenir fera jugé malgré lui par les créatures de la cour, ou les magiſtrats, qui ont été perfides a leur compagnie.

On vient d'eriger une nouvelle cour ſous le nom de cour de conſcience à la tête de la quelle fera le Marechal *de Riche*..., avec le *Duc D'Aigu*.... cette cour eſt deſtinée à examiner les fortunes des financiers, que l'Abbé *Terray* n'a pas degraiſſé.

Le parlement de Rouen a fait un arrêté par le quel il declare tous les magiſtrats (qui ont reçu les charges de judicature

ture qui conftituent le nouveau parlement) *perfides envers
leurs confrères, traîtres envers
la patrie, et parjures envers
le roi même* aux intérêts du quel
ils font contraires en empê-
chant qu'il ne foit inftruit du
bouleverfement qu'a opéré le
chancel... dans les affaires.

Les cours de Touloufe, Bor-
deaux, et Rouen fe font promis de ne jamas fe défunir pas
même par lettres de cachet,
qui (felon leur opinion) n'ont
éte inftituées que pour être une
grace infamante, et fouftraire
aux loix par l'exil, où la prifon
les coupables qu'on a voulu

mé-

ménager. Ils s'attendent à la force majeure, mais ils ne changeront point d'avis. Ce qui embaraffe fort le chancel..., et fes creatures, dont l'intérêt eft de miner par degrés plutôt que d'exciter une révolution dont ils feraient les victimes a coup fur.

Les politiqus raifonnans trouvent une efpece d'affinité entre la fuppreffion des templiers, et celle du parlement de Paris; ils furent accusés à faux, et on les depouilla de leurs biens avant de les brûler. Les deux premicrs points font remplis envers le parlement. Le chancel...

cel... s'eſt contenté de ſuppléer l'exil, et la priſon au troiſieme.

Il court une lettre que la nobleſſe eſt cenſée avoir écrite aux princes du ſang, qui parle très fortement de l'adminiſtration, et des devoirs du ſouverain. La roture cependant lui diſpute l'honneur de l'avoir faite on la croit de Mr. Darembert, qui écrit tout auſſi bien que s'il était gentilhomme.

Le Chevalier de St. Prieſt ambaſſadeur a Conſtantinople a ordre d'envoyer vingt Muets pour faire le ſervice de ſa cour ; il lui a été ordonné en même tems de débaucher quelques

ou-

ouvriers de la manufacture des cordons qui s'établira dans la grand falle du palais, pour la commodité du nouveau parlement et du public.

Le roi qui a déjà été fur le point de retirer plufieurs fois le porte feuille à l'Abbé Terray (qui n'a fait que perfectionner l'art de pêcher en eau trouble) vient de le faire offrir à Mr. Foulon, que l'on affure très propre à degraiffer le roïaume.

Le chancel... fupprime la vénalité des charges à la quelle il fubftitue celle des bénéfices par arrangement avec le pape *Ganganelli*, qui permet au roi

de

de jouir en confcience des biens de l'églife fi la cour de Rome eft de moitié.

Il fe gliffe tous les jours des écrits ménaçans fous la ferviette du roi fans qu'on puiffe fçavoir comment ? ·On a arrêté plu-fieurs perfonnes, qui font dans les fers fans aucune formalité On dit le roi beaucoup plus troublé de cette forte de re-montrances, que de celles de fes parlemens.

Il s'eft trouvé, il y a peu de jours, de cette maniere une carte écrite des deux côtes avec beaucoup de force qui finiffait par une ménace très extraordi-naire

naire ; on difait au roi que s'il
ne prenait pas garde a ce qu'il
allait faire, il ferait mis a St.
Lazare, et fa maitreffe à l'hô-
pital, le lieutenant de police
s'eft donné les plus grands
mouvemens pour découvrir l'auteur, fans avoir pù en venir
about. Les ennemis du parti
Choifeuil fe fervent de ces pré-
textes pour l'éloigner, et perdre tout ce qui peut en refter
à la cour.

Mr. de *Jarente* évêque d'Orleans qui avait la feuille des bénéfices fous les ordres de Mlle.
Guimard a été exilé a fon
abbaye de St. Vincent du Mans

pour

pour avoir fait faire un faux
pas a Madame *Adel*...(h).

Si le miniftere de Mr. de *Choi-*
feuil avoit duré dix ans de plus
il aurait peu, à peu renversè
tous les ordres religieux, et les
mandians, que fa chûte a raf-
fermi fur le trône de St. François, &c. mais on efpere que
fi la cullebutte du chancel... arrive, elle entrainera celle de
tous les cagots qui fe relevent,

(h) L'évêque d'Orleans aïant parlé contre
le chancelier à Madame Adel... la determina à
aller fe jetter aux piés du roi pour demander fon
eloignement. Le roi voulut abfolument fçavoir
qui l'envoïait? Madame Adelaide, l'aïant avoué
le prélat eut une lettre de cachet une demie
heure après, qui lui accordait feulement 24
heures pour fes affaires.

et

et des gueux qui reſtent en France.

On doit commencer dans la plaine des ſablons, avant la fin du mois à tracer le plan d'une priſon nouvelle devenue neceſ-ſaire pour la deſſerte de celles de Paris. On voulait traiter avec les entrepreneurs du Vaux-hall des champs Eliſées, mais leurs appartemens ſe ſont trou-vés trop ſombres, et trop mal diſtribués.

La petite maiſon apparte-nant aujourd'hui au duc de *Fronſ...*, a été bâtie par le car-dinal *du Bois*, et a appartenù auduc d'*Olonne :* cette filiation

bien

bien prouvée a determiné le duc d'*Aiguill..* à entrer en arrangement pour le prix *Audouart* en eft défigné concierge, et l'Abbé *Clemenceau* (i) aumônier Cette maifon eft fitué très avantageufement pour les opérations fecretes du miniftére (k).

Mr.

(i) Au douart, et l'Abbé Clemenceau creatures du duc d'Aiguillon, qui en a tiré grand parti. Pendant fon fejour en Bretagne.

(k) Le Cardinal de Richelieu avait une maifon à Bagneux, qui a retenu le nom des oubliettes, et qui a été achetée il y a quelques années par M. Toinart dans l'efpoir qu'en la fouillant il y trouverait de quoi fe dédomager du prix, il trouva effectivement un puits dont l'ouverture était bouchée, dans le quel étaient les offemens de plus de quarante cadavres, avec
les

Mr. de *Choifeuil* était fur le point quand il eft tombé de rendre un fervice effentiel au gouvernement, en diminuant de moitié la maifon du roi, qui lui coute beaucoup et ne lui eft utile à rien. Il avait coûtume de dire de ce fervice, que c'était

---

les débris de leurs vêtemens, montres, bijoux, argent, &c. Le cardinal qui avait pour habitude de tout facrifier à fon ambition, fe defaifait des gens qu'il n'ofait, ou ne pouvait attaquer publiquement, en les comblant de careffes, et de marques d'amitié. La derniere preuve etait de les faire fortir par un efcalier dérobé au milieu du quel était une bafcule, que ce miniftre avoit la bonté de lacher lui même l'on tombait alors dans un puit qui avoit au moins cent piés de profondeur. Les premiers qui l'effaïérent, furent ceux qui l'avaient creufé,

un

un état intermédiare entre la robe, et l'épée,

Le flegmatique Mr. Gayot, qui avoit reçu avec un fang froid glacé la place d'intendant de la guerre l'a gardée deux ans avec beaucoup de gràvité, et s'en eft demis tranquillement à la reception d'une lettre de cachet, qui l'éloigne des affaires.

Il y a toutes les nuits des affemblées noturnes chez les jéfuites de robe courte (1) dont le nombre eft fortifié de tout ce

_____

(1) On appelle ainfi les freres adjoints à la focieté.

qui

qui s'appelle *anti-Choiseuil* en
France. On craint fort que le
retour de la focieté ne foit pro-
chain ; Mme. Dubar... tenant
pour les nonconformiftes dont
quelques efprits méchans l'ac-
cufent d'avoir les inclinations.

Meffieurs du nouveau parlement aïant reçu l'ordre de faire
informer contre tous ceux qui
parlent mal de l'adminiftration
fe font rendus a Verfailles ou ils
ont reprefenté à fa majefté
qu'elle ferait obbligée de faire
entourer de murs toute fa bonne
ville de Paris fi elle voulait arrêter le cours des plaintes, li-
belles, &c. Cet avis a été ap-
laudi

laudi par le confeil et notament par Monfieur le Duc de la Vrill..., qui a demandé au roi la place de concierge de cette nouvelle prifon. Il y aura une promotion de Guichetiers au premier jour. Les caves de l'obfervatoire, et les carriéres de St. Marcel font deftinées à fervir de cachots.

On affure que Mr. De Choifeuil n'a pas encore eu un quart d'heure d'ennui a chanteloup, fes ennemis aïant fait affés de fottifes pour le faire rire depuis qu'il y eft arrivé.

L'Abbé de la Ville, et tous les premiers commis des bu-

reaux

reaux du departement de Mr.
de Choiseuil, ont été obligés
d'aller plusieurs fois le trouver
depuis son exil pour apprendre
a lire (m).

Il va paraître des lettres de
rescision contre toutes les dettes
de l'état le chancelier récla-
mant (sous prétexte que le roïaume est en enfance) les privi-
lege de la minorité.

On a affiché dans plusieurs
endroits l'arrêt du parlement
de Paris, qui mettait à prix la
tête du cardinal Mazarin, *au*

(m) Mr. le duc de Choiseuil avait pour les
affaires essentielles un chiffre qui n'était connù
que de lui.

nom

nom du quel on a fubftitué celui
de Maup..., on y à joint la ré-
partition faite par la grange
ehancel à tant par *membre*, oré-
ille, &c. &c. Ce qui a été fait
égalment pour meffieurs d'*Aiguil*... et de la *Vrill*... fur le
même tarif.

*Lyon, Arras, Poitiers, Blois
Clermont Chalons* ont reçu les
tribunaux fuperieurs qui leur
ont été envoyé par le roi avec
de grands témoignages de reconnaiffance. Le peuple (qui ne
voit pas encore le ferpent) eft
ennivré de cette nouveauté, qui
ne lui coûtera pas d'argent
pendant fix mois, mais on ef-

pere

pére avec raifon que quand l'intérêt de fa majefté fera de changer d'avis le peuple rentrera dans les privileges dont il a toujours joui de païer fes juges lui même.

Mr. De Maup... s'étant fait prefenter le plan de la St. Barthelemi pour la fuppreffion des parlemens, n'a pas jugé a propos de s'en fervir, n'aïant pour l'aider dans l'exécution que le marechal de Riché..., et le duc fon neveu, il a préféré emploïer la methode du duc de la Vrill.., qui en eft le diminutif et qui va au même but.

On

On ajoutera inceſſament à la promotion dérniérement faite un nouvel ordre motion de maréchaux de France, lieutenans généraux, et maréchaux de camp ; les ducs de la *Vaugu..*, *D'Aum..*, *Ville..*, *D'Aiguil..*, et de *Treſm..* ſont deſignés maréchaux de France, par le chancelier, qui y ajoute le chevalier de Maup.. : Les lieutenans généraux et maréchaux de Camp, feront nommes par madame du Bar... Les brigadiers par madame la marquiſe de Longh... Il y aura chès elle des bureaux d'arrangemens pour tous ceux qui voudront ſe faire inſcrire. Le tarif de ces dignités

gnités

gnités eft encore un fecret pour le public.

On ajoute qu'il y a une nom-breufe promotion de chevaliers des ordres parmi lefquels font defignés les marquis de *Xi-men*.., *Villet*.., *Villepin*.., et *Deftorié*.., le marquis de *Thi-bouvil*., eft également au nom-bre des candidats, *avec le comte Jean Mari de la comteſſe du Bar*.... Le marquis de Mon-me..as et quelques autres offi-ciers (n) gardes manteaux de fa majefté font auffi defignés pour

---

(n) On appelle officiers gardes manteaux, ceux qui epoufent les filles de reforme du parc aux cerfs.

la même promotion. Le pere Ange Picpuce pere de madame la comteffe du Bar... fera chevalier comandeur.

Le chancel... voulant fe ménager les pardons de la cour de Rome pour toutes les fautes qui lui reftent à faire, vient de faire reftituer Avignon au pape, qui lui envoye en échange des indulgences et des a---nus bénits (o) pour tous les feigneurs qui ont foi a cette forte de relique, Mr. le comte de Noai... en a en a ajouté un a fes ordres, les

---

(o) L'A---gnus dei eft une petite figure de cire que les devots baifent très pieufement ici c'eft un enigme.

ducs

ducs de la Vaugu..., de Bou-
il..., et de Richel..., ainfi que
beaucoup de gens de marque
font decorés de cette dignité
pontificale. Elle a pafé jufqu'aux ordres inférieurs par
une monopole des laquais de
la chancellerie qui en ont cédé
une caiffe *au marquis de Vill...
leur ami.*

Le duc de *Harc...* a prié
le roi qui a voulù l'envoïer
mettre à la raifon le parlement
de Rouen de difpofer de fon
bras, et de fon cœur dans tous
ce qui fera du bien de fon fervice, mais de le difpenfer de
faire du mal à fon peuple. Le
duc

duc de Fitzj... (qui eſt remis
de la fraïeur qu'il a eu à Tou-
louſe) (p) s'eſt offert a ſa place,
et partira avec les foudres de
la cour, quand le chancelier
jugera a propos de les lancer.

Le marechal de Richel... a
prouvé au roi qu'une contri-
bution militaire en France, ferait la voye la plus douce et la
moins coûteuſe pour percevoir
ſes révenus. Il eſt ordonné au
contrôleur général d'examiner
avec les fermiers comment on
peut proceder en cette occa-
ſion ? Le maréchal, qui a fait

(p) Le duc de Fitzj... a été décreté a
Touloufe pour des violences.

la recette de l'*electorat de Ha-novre* dans la derniere guerre, offre de diriger les opérations de la premiere campagne en prenant *Luckner*, *Monnet*, *Grand-Maiſon*, et *Cambefort*, (q) ſous ſes ordres on laiſſera au roi ſoixante mille hommes emploïes par les fermes (dont il peut diſpoſer plus utilement par ce moïen,) et on lui don-nera une fois plus qu'il ne re-çoit ſans faire les ravages de la ferme.

Les princes, et pairs ſe ſont promis ſolemnellement de ne

(q) Partiſans dans la derniere guerra.

ja-

jamais prendre féance au bail-
lage roïal que le chancel...
vient d'établir fous le nom de
parlement de Paris.

Il eft ordonné de tirer quatre
hommes par compagnie de
toutes les troupes de France
pour faire un corps de janif-
faires dont le comte du Bar..
fera premier aga. Ce corps
fera deftiné a porter les ordres
de fa majefté dans toutes les
provinces du roïaume, a efcor-
ter les muets quand ils feront
chargés d'expeditions fecrettes,
et (fi le cas le requiert) à figni-
fieurs eux mêmes, à coups de
bayonette, ceux dont ils feront
por-

porteurs. On croit que cette voye, qui a fait des converſions ſous Louis XIV. ne ſera pas inutile ſous le regne de ſon petit fils. On réimprime l'hiſtoire des Dragonades, pour l'inſtruction de ce nouveau corps, dans lequel on avancera tous ceux, qui ſe diſtingueront par des actions d'éclat. Outre les armes ordinaires de l'infanterie, cette troupe ſera armés de piſtolets de poche et de poignards.

La cour des pairs eut été ſupprimée ſans le duc d'Aiguill.. qui a eu la grandeur d'ame de ſe jetter au pieds du

roi

roi pour demander fa grace, et
l'a obtenue (r).

On a mis à la Baſtille un
vieux officier mécontent, qui
diſait confidemment dans un
caffé que le R.. ſerait obligé
de ceder, le chancel... de ſe
pendre, et le duc d'Aiguil...
de s'empoiſonner.

Il eſt eonfirmé que Monſienr
le duc de Praſl.. s'étant mordu
le doigt en rongeant ſes ongles,
eſt tombé dans un accès d'hy-
drophobie, qui l'a emporté en
vingt quatre heures.

(r) Cette grace eſt amphibologique.

Quand

Quand Mr. de Monteyn...
preſenta au roi les deputés de
l'iſle de Corſe ils démande-
rent à ſa majeſté la permiſſion
de pendre quatre Génois par
an, ce qui leur a été accordé
par arrêt du conſeil.

Les corſes ont fait preſent au
pape de douze officiers Français, qu'ils ont préparés pour
le ſervice de ſa chapelle avant
de les lui envoïer.

Le dix du mois dernier, le
nouveau parlement fut inſtallé
au palais, aux acclamations du
comté de la March.. et de quatre ducs qui ont été ſoûtenus par
ſix marchandes de modes, et
qua-

quarante lacquais de confiance, dont on a acheté les voix pour crier *Vive le roi.*

Mr. le chancel... a fait mettre des panneaux à fon caroffe pour éviter les fuites de la reconnaiffance du peuple, qui l'accable de bénédictions, et de pavés.

Le roi aïant befoin de douze jeunes mandians pour leur laver le pied le jeudi faint, on a pris par préférence les enfans de douze officiers réformés à qui on a fait donner (en reconnaiffance des fervices rendus à l'état par leurs peres.) Le double de ce qui fe diftribue or-

dinairement dans cette cérémonie. Cette magnificence
eſt l'ouvrage de Monſieur de
Maup..., qui n'oublie rien pour
ſe concilier l'eſtime militaire.

Le duc de la Vrill... s'eſt
fait faire quatre nouvelles mains
pour ſigner les lettres de cachet
qu'il eſt forcé d'expédier tous
les jours. Mme. la marquiſe
de Langh.. vient de prendre en
en même tems deux intendans
pour faire la traite ſous la di-
rection du chevalier d'Arc.. (ſ)

qui

(ſ) Le chevalier d'Arc.. eſt bâtard de la
maiſon de Penthiévre, amant en ſecond de la
Marquiſe de Langh... et auteur de quelques

ou-

qui paſſe pour le Meilleur cor-
ſaire de France.

Le miniſtére de la Guerre
ſera la recompenſe de celui, qui
pourra tirer le chan.... du pas
où il s'eſt engagé ſans le faire
pendre; monſieur de Monteyn...
en ayant vú l'impoſſibilité doit
ſe demettre en faveur de Mr. de
Brog.. qui ne tiendra pas plus
long tems parce qu'il eſt auſſi
juſte.

On a decouvert une ligue
faite entre le chancel... le duc

---

ouvrages que les gens méchans lui reprochent
de n'avoir jamais lú. Il eſt en outre directeur en
chef de tous les Bureaux de monſieur le duc,
de la Vrill... et de la marquiſe.

D de

de la Vrill ..., et le duc d'Aiguill... contre tous ceux des fu-
jets du roi, qui ont plus de bon
fens, et de probité qu'eux ; on
affure, pofitivement que cette
ligue eft contre tout le royaume.

On a offert au premier huif-
fier de l'ancien parlement la place
de premier préfident du nouveau
Il l'a refufée.

Le chancel... et le duc d'Aiguill.. font tellement maîtres de
de l'efprit du R.. qu'ils ne lui
ont laiffé que la liberté de coucher avec fa maitreffe, de caref-
fer fes chiens, et de figner des
contrats de mariage.

Les

Les filles de Paris ont presenté
tant de placets à madame du
Bar.. contre le lieutenant de police, qu'il lui est défendù actuellement de mettre le pied dans
aucun B.. (t)

La cour des monnoyes a noté
d'infamie un de ses membres ho-
noraires pour avoir pris une
charge dans les conseils supé-
rieurs, et a supplié le Roi, dans
des remontrances secrettes, de
ne jamais permettre au chan-

___

(t) Le lieutenant de police de Paris est in-
specteur général de toutes les Vestales, ma-
trones, et courtieres des maisons de santé de son
district, qui s'etandait il y a quatre ans jusque
sur le comte, et la comtesse du Bar...

cell..

cell.. d'introduire la fauffe mon-
noye en France.

Mr. de Sart,.. chargé de veiller à la clarté, fureté, et net-
teté de Paris, vient d'ajouter
aux reverbéres, et à l'augmentation du guet, un treifiéme établiffement très utile aux habitans
de cette ville, aïant fait difpofer
des barils d'aifance à tous les
coins de rue ; Ce qui previendra
les amendes et les punitions cor-
porelles dont on eft menacé.à tous
les culs de facs, et chez tous les
gens en credit, qui ont l'inhuma-
nité de défendre au public *de
par le roi de fatisfaire aux be-
foins naturels,* Les favoïards
qui

qui effaïent fouvent l'utilité de
ces barils élévent jufqu'au ciel le
magiftrat qui les *foulage.*

Le chancel.. voïant que les
anciens avocats, et procureurs
au parlement de Paris ne vou-
laient pas réprendre leurs fonctions vient d'en inftituer de
nouveaux a qui il eft ordonné
de voler le public fous peine
d'être pendus.

En plaçant les fouches que
le chancel... décore du nom de
membres du parlement, il leur
a fait jurer folemnellement de
ne jamais voir, ni de jamais en-
tendre, que ce que le roi vou-
dra. Il leur a fait fentir dans

deux difcours remplis de fo-
phifmes, que quand le prince
ne lirait pas leurs rémontrances.
Il leur fuffit de les préfenter
pour remplir leurs devoirs. Il
ajoute que les magiftrats doivent confulter l'autorité pour
rendre la juftice, et que le fou-
verain ne la doit que quand
elle s'accorde avec fes intérêts,
et qu'elle eft de fon goût ; il
finit par dire, que toutes ces ab-
furdités font dans le cœur des
nouveaux parlementaires, et
qu'ils doivent perpétuer, pour
le bonheur du peuple, leur fi-
lence, et leur aveuglement.

Le

Le punch eſt en ſi grande
faveur dans les petits appartemens à Verſailles, que le Bour-
gogne, le Champagne, et les
plus excellens vins du monde
ne peuvent le déplacer. On
aſſure qu'entre quatre perſonnes
de la plus grande conſidération
il s'en conſomme trois galons
par jour. Quelquefois par
grace ſpéciale on admet du vin
de Champagne dans cette li-
queur, mais cela eſt fort rare.
La comteſſe qui a mis le punch
à la mode a introduit en même
tems l'uſage des nappes de bois
et des pipes, on en eſt actuellement à l'attente d'un peu de

po=

politique qui eſt fort neceſſaire à tout le conſeil. On a écrit à Londres à un des aſſociés de *Robinhood-Tavern* pour avoir un orateur et deux maîtres de raiſonnement en état de donner des leçons au gens en place.

Les maréchaux de France aïant déclaré qu'à l'avénir il n'y aurait de compétens de leur tribunal que des gens intacts ; il ne s'eſt trouvé à l'examen de la haute nobleſſe que trois pairs, qui aïent le droit d'y être admis.

Il parait un édit du vingt cinq avril dernier portant création d'un nouvel impôt ſur

toutes

toutes les veſtales de Paris ; au
moïen de cette taxe, qui ſera de
deux ſols pour livre elles ne
feront plus rançonnées par les
commiſſaires de quartier, et
traiteront directement avec le
maréchal de Riche... nommé
à la ſurintendance générale. Le
nouveau parlement a enrégiſ-
tré cet édit avec ſes franchiſes
en marge.

Madame la comteſſe du Bar..
vient d'inſtituer un nouvel ordre qui s'appellera de *St. Ni-*
cole : les conditions pour les
femmes ſeront très rigoureuſes,
il faudra avoir vecù avec dix
perſonnes differentes (au moins)

et

et prouver qu'on a été trois fois en quarentaine pour être admifes. Les hommes feront difpenfés de faire des preuves par la comteffe, qui fe réferve la grande maîtrife. Les marques de l'ordre feront un *concombre brodé fur la poitrine avec deux excroiffances bien marquées.* Quoique madame du Bar... affure qu'elle ne nommera chevaliers que ceux qui ont eu l'honneur d'être bien avec elle, on croit que cet ordre fera plus nombreux que l'ordre de St. Louis.

On a trouvé un placard à la porte de Mr. le duc de la

Vrill..

Vrill. fur le quel était écrit,
" bureau de la traite des inno-
" cens."

On fe pend, on fe poignarde,
on fe brûle la cervelle en France
plus fort que jamais. Ce font
des fervices d'amis qui fe ren-
dent de l'un à l'autre, tant dans
les ruës que fur tous les grands
chemins du rôiaume ; que l'on
affure être très fréquentés par
les brigands, depuis que leurs
chefs font en place.

On aurait compofé en France
un régiment des officiers généraux incapables de commander,
fi on les avait jugé capables de
fe battre ; mais comme la plus
grande

grande partie s'eft fait connaître *tant à crevel, qu'à Minden, Rofbak,* &c. &c. &c. &c. &c. On a crù qu'il était mieux de les laiffer Vieillir fans emploi jufqu'a extinction.

Mr. de Montpéfat, et Mr. de Bonnaire ont trouvé les places de membres du nouveau parlement fi honorables, qu'ils ont donné leurs démiffions huit jours après les avoir reçues.

Monfieur le duc de Viller.. aïant été ménacé d'une *arme contondante* par le mari de fa maîtreffe, pour en jouïr fans inquiétude à l'avenir a fait conduire ce malheureux aux

ifles

iſles Sainte Marguerite ou il lui a fait accorder un logement à perpetuité.

Le dix-ſept avril le parlement fit l'enregiſtrement de trois édits ſans les lire. L'un arrondit le reſſort des tribunaux ſuperieurs ; l'autre fabrique des chevaliers d'honneur pour leur décoration : le troiſieme fond les quatre avocats du parlement de Paris pour n'en faire que deux.

Le prince de Conti (quoiqu' ennemi de Mr. de Choiſeuil) a eu la générofité de dire a madame de Bouffl.. qui ſe rejouïſſait de ſa chûte. " Vous avez
" rai-

" raifon, madame, de penfer
" comme le petit nombre, vous
" étes à peu près dix perfonnes
" dans Paris, qui avez l'efprit
" afsès jufte *pour mieux voir que*
" *toute la France.*

Il eft enjoint de nouveau à
tous les commis des barrieres
de refufer l'entrée à la Cacomonade fut ce dans le caroffe,
et avec la *perfonne d'une du-*
cheffe? Les exempts de police d'un autre coté ont ordre
d'entrer par tout, avec des chi-
rurgiens et de vifiter tous les
gens fufpectés de la réceller chez
eux pour les faire fortir de la
capitale. Si l'ordonnance du
roi

roi eſt exécutée à la rigueur, on croit que Paris ſera bientôt un déſert.

Le roi parlant de la diſette de ſes finances à Mr. le Maréchal de Biron, le Maréchal lui propoſa trois millions à récevoir ſans aucuns frais, et dans un ſeul jour *aux acclamations de tout le peuple, qui lui apporterait ſon argent en foule :* Le roi trovant le ſecret très important voulut le ſavoir, et apprit avec beaucoup d'étonnement qu'il ne s'agiſait que de faire éléver une potence au milieu de la plaine des ſablons, et d'y pendre le chancel... en prénant.

nant un écu par perfonne ; le
maréchal affura le roi que la
récette irait à trois millions *au
moins.*

Par lettres patentes du roi
après la fuppreffion de l'ancienne
cour des aides, fes fonctions ont
été partagées entre la maifon du
roi, et les Carmes déchauffés.
Le prieur de cet ordre qui eft
nommé préfident de la nouvelle
cour a été inftallé par le maréchal de Riche... chargé comme
porte caducée de la couronne de
veiller à cet établiffement.

Un arrêt du parlement de
Rennes aïant condamné Mr. le
duc d'Aigu... à perdre la tête,

et

et Mr. le duc de la Vrill... à avoir le point coupé. Le duc d'Aigu... a eù une fi grande fraïeur dans un rêve, où il croïait étre à l'exécution de fon arrêt ; qu'il lui en eft refté une jauniffe incurable ; le duc de la Vrill... pour prévenir fon fort, a eù la fermeté de fe faire fauter le poignet à la chaffe.

Mr. de Nicolai, préférant les mortiers fourrés de petit gris a ceux que l'on charge avec de la poudre, a été nommé par le roi préfident a mortier du parlement de Paris ; on compte

E   beau-

beaucoup fur fon courage dans cette nouvelle place (v).

Il eſt défendu aujourd'hui par les ordonnances militaires de recevoir un colonel en France s'il n'a des talons rouges, une maîtreſſe à l'opera, un attelage Anglais, et cent mille écus de dettes. S'il fe trouve deux con-currens, et que l'un des deux fache danfer l'Allemande il fera préféré.

_____

(v) Mr. de Nicolaï colonel dans la derniere guerre, s'étant degouté du bruit des armes, et de l'odeur de la poudre fe fit recevoir avocat en 1762 pour ne pas entrer en campagne fous prétexte qu'étant l'ainè de fa maifon il devait poſſéder la paifible charge de premier prefident de la chambre des comptes; que fon pere à cedée de préférence à fon cadet.

Le

Le Boureau de Paris a été renfermé à Bicêtre pour avoir refufé fes fervices à un pendù de la création du nouveau parlement, fous prétexte qu'il ne pouvait manquer à fon ancienne compagnie, fans bleffer fon honneur : fa delicateffe, (à ce que l'on dit,) a fait rire les juges, au lieu de les faire rougir (u).

Il parait un édit du roi qui permet aux huiffiers, malgré la comparaifon humiliante de M. du Harlay de fe regarder à l'avenir comme les membres actifs de la nouvelle cour et en

(u) Le fait eft vrai ; ce qui a occafionné le proverbe, " Honnête comme le Boureau."

cette

cette qualité leur donne le droit d'exploiter tout le roïaume.

Quoique le roi ait défendu à ses peuples de reconnaitre la cour des aides et l'ait supprimée sans retour, ses membres n'étant qu'à dix lieües de Paris sont encore utiles au public qui porte toujours les affaires courantes à ce tribunal.

On assure que le chancel... ne traite pas les femmes de maniere à les conserver long tems aïant été surpris avec des Jesuites, avec qui on l'accuse d'avoir des affinités scandaleuses; le lieutenant de police de Paris, lui a reproché en face d'a-
voir

voir eù commerce avec cinq membres de cette fociété en trois jours (w).

Les princes du fang aïant remercié quand le roi les a fait inviter au mariage de Mr. le comte de Provence, il leur a été enjoint le lendemain, par lettres de cachet, Daffifler a

---

(w) Le chancel.. réprochant à Mr. de Sart... qu'il ne rempliffait pas les devoirs de fa charge, par ce qu'il ignorait qui mettait les billets fous la ferviette du roi ? Ce magiftrat lui dit, " Monfeigneur pour vous faire voir " que fe fais mon mêtier j'ai fçu que vous avez " fouppé il y a deux jours avec deux Jefuites- " déguifés ; que les deux mêmes Jefuites ont " été hier chez vous au matin, et qu'un troi- " fiéme qui n'y a pas encore paru y a été au- " jourd'hui Le chancel... fe tut, et pria le " lieutenant de police de fe taire."

E 3   cette

cette cérémonie; *ce qu'ils n'ont point fait :* les princeffes feulement s'y font rendues avec des habits de noce, et la gayté qu'on porte *a un enterrement.*

Mr. le duc de Bour... a mis la derniere main à fon mariage le jour de l'anniverfaire de ce facrément ; on affure que de peur de fe tromper il eft revenu à la charge *jufqu'aux fix fois.*

Les crédits du mariage de Mr. le D... aïant ruiné tous les brodeurs de Paris, la plus grande partie des feigneurs à paru en gala au mariage de Mr. le comte de provence, avec

dès

des habits brodés *à la chan-
celiere* (x).

Mr. de Montey... a fait une
augmentation graduelle de la
paye des foldats, et a inftitué
une marque de diftinction qui
leur tiendra lieu de la croix de
St. Louis il efpére que cette
recompenfe à laquelle les gens
qui auront déferté n'auront pas
droit poura empêcher la défer-
tion à l'avenir.

Si le chancel... ne fe brule
pas la cervelle ou n'eft pas ac-
croché en chemin il irabeau-

_____

(x) On fait certains galons de nouvelle matiére
     Mais ils ne font que pour jours *de galas*
     On les nommé à la chanceliére
    Pourquoi ? c'eft qu'ils font faux, et ne
     rougiffent pas.

E 4   troché

coup plus loin que le cardinal
de Richel... dont il a adopté
tous les principes ; il eſt plus
adroit et plus faux que ce mi-
niſtre, et l'égale au moins en-
témérité il lui manquait un *ma-*
zarin et un *joſeph,* auxquels il
a ſupplée par *un cartouche, et*
un ſot dont il dirige les opéra-
tions. Ce magiſtrat célèbre
dans ſon genre a entrepris de
prouver qu'il a vendu ſa compagnie pour acheter la place
qu'il occupe : cette preuve
poura lui faire des amis.

Le conſeil du roi a caſſé ſous
le manteau un arrêt que le parlement de Rouen a publié ſur
les toits contre les aves des con-
ſeils ſupérieurs.

Nou-

Nouvelles apocriphes.

LE bruit court que le jeune vicomte du Bar.. eſt à pierre en ciſe pour avoir communiqué à la comteſſe de ce nom de petite inquiétudes de ſanté dont elle a fait confidence au R.. de la même maniere ; il y a tous les jours une députation de la faculté à Bicêtre

pour

pour faire des effais fur les malheureux qui font dans le même cas; un arrêt du nouveau parlement, permet aux députés de pouffer leurs effais jufqu'à la mort *inclufivement.*

Le pére Ange picpuce vient d'être nommé par le roi coadjuteur de l'archêvéché de Paris, fa fille, y a ajouté la feuille des bénéfices, & la charge de premier aumonier, vacante par la démiffion *de l'archévéque de Rheims* qui s'eft retiré aux petite maifon, ou il étoit attendu depuis long tems.

La famille r.y.le aïant été vifiter Mme. Louife aux Carmelites

melites de St. Denis, où elle
eſt religieuſe a obtenu du nonce
la permiſſion de ſe donner la
diſcipline en communauté.

Cette faveur qui ne s'accorde
gueres qu'aux têtes couronnées
a été accordée également a ſix
grands ſeigneurs (nommés par
le roi) *qui ont beaucoup de fautes
à expier*. Mr. le comte de
No...les a demandé par grace
d'être admis comme, amateur,
et s'eſt fait adminiſtrer ſa pénitence par un de ſes laquais de
confiance.

Les parlemens de *Douay,
Pau, Grénoble*, et *Trévoux* ſe
ſont conduits ſi noblement envers

vers le chancel... qu'ils feront les feuls à l'abri de fon projet d'extinction. Les membres de ces parlemens, qui fubiront une réforme particuliere dans leurs tribunaux, feront mis à la tête des nouveaux parlemens, que l'on va fubftituer aux anciens dans toutes les villes où il y en a d'établis.

Le chancel.... leur a envoyé faire fes rémercimens par un exempt de la chaine, qui eft fon aide de camp.

Mr. Le comte *de Pr*... aïant obtenu avant fon mariage, la permiffion de commencer fes exercices ; fon premier effai fe

fit

fit au parc aux cerfs en pre-
fence du maréchal *de Richel*...
commiffaire de la cour, de
l'ambaffadeur de Sardaigne, et
du *S. Tronchin* verificateur ; ce
dernier aïant fait fon rapport,
au confeil, ce prince fut recon-
nu nubile, et en cette qualité
obtint, la permiffion de conti-
nuer fes leçons jufqu'à l'arrivée
de la princeffe qui l'a trouvé en
état d'entrer dans tous les détails du facrement qui lui a été
adminiftré.

Ces effais ont mis les vierges
hors de prix, le maréchal de
Rich..., et le chancel... en aïant
fait un magazin deftiné aux
jeunes

jeunes princes, après qu'elles
ont été préparées par leur aïeul
qui a bien voulù prendre la
peine de foulager fes enfans, en
leur évitant les premiers efforts.

Pigalle eft chargé par la ville
de Paris d'immortalifer le mariage de Mr. le Dauphin, et la
prudence de Mr. Bign.. dans un
bas relief pour la Magdeleine,
qui reprefentera le maffacre de
la place Louis XV. avec tous
fes ornémens; On verra les
fontaines de vin, les orcheftres,
des muficiens, les échafauts
drappés, et fur tout *les caroffes
aux armes de Richel... d'Efpar-
bès, &c. au milieu de la foule.*
On

On reprefentera pour donner à l'exécution plus de force l'incendie de la charpente qui fervit à tirer l'artifice, le fpectacle pompeux des petits pots de graiffe attachés à chaque arbre du Boulevard, et enfin les foffès deftinès par M. Bign.. à établir fa memoire *à jamais*. Perfonne n'eft plus en état que Pigalle de donner à fes deffeins l'expreffion dont ce morceau prétieux eft fufceptible. On le prie de ne pas oublier que le guet a donné quelques coups de bayonette, et mis la main dans beaucoup de poches.

Mr.

Mr. le chancel... aïant fait demander une audience au prince de Cont., ce prince lui a fait dire qu'il ne voulait le voir qu'à la grêve (y).

On a débité que madame la marquife de *Langh...*, madame la *Baronne de Newk...*, *madame de St..d, la princeffe d'Anh...* et fa fille ont eu l'honneur ainfi que la marquife du Trembl... d'étre préfentées le jour de l'afcenfion par Mme. Gourdan a qui Mme. du Bar... a fait accorder le Tabouret.

(y) La grêve eft un rendez vous ou fe font trouvé cartouche d'amien et plufieurs autres heros du fecond ordre.

On

On dit tout bas que la comtesse de la Mar... voïant l'impossibilité de faire un prince, s'est décidée à faire un petit évêque et qu'elle a reçu à cette occasion la bénédiction du coadjuteur de Rheims qui est le prélat de France au quel on a le plus de foi, après Mr. de Montaz..., et le prince *Louis.*

Longchamp a été cette année plus brillant que jamais ; Mme. la comtesse du Bar... y a paru dans une caleche superbe attelée de huit chevaux blancs, avec madame *de St..d,* et son ancienne rivale *Dorothée :* Mr. le duc de Gèvr... lui a servi de cocher, et

F   Mr.

Mr. le duc de Luy... de coureur, son postillon était le duc de Chévr. en toque à l'Anglaise avec une petite veste galonnée sur toutes les tailles; elles a eu pour valets de pied Mr. le comte d'Egmo. , Mr. de l'Espina..., et le comte Deck garnis par les deux éduques du prince Louis, et le Nègre du Duc de Chartres; douze écuiers précédaient ou suivaient la caléche masqués par égard pour le duc d'Aiguil... qui était du nombre.

Mlle. Romans doit épouser Mr. de Croismare gouverneur de l'ecole militaire qui prendra six aides de camp dans la premiere classe de

son

son école pour faire le service conjugal à sa place.

On prétend que le curé de St. Euftache a été furpris en flagrant délit avec la doïenne des dames de charité de sa paroisse ; ce qui leur ferait beacoup d'honneur a l'un et à l'autre vû qu'ils font octogénaires tous les deux.

Mr. le prince de Cont.. aïant vu la désertion de son fils du parti des princes, dit qu'il le savait bien, mauvais fils, mauvais mari mauvais ami, mais qu'il ne le savait pas mauvais Français.

Mr. le duc de la Vaug... aïant écrit une lettre à l'archévêque de Paris dans laquelle il lui annonçait

F 2 qu'il

qu'il allait communier, et lui de-
mandait fa bénédiction ; Mme.
de Tefs... qui s'annonce dans le
monde par fes bons mots, dit
que fi Dieu pouvait fe difpenfer
d'entrer dans le corps de ce faint
homme, il fe ferait bien de l'honneur.

Le confeffeur du roi aïant été
difgracié pour avoir été furpris
en badinant avec des pages, on
a ouvert un concours pour cette
place, qui fera accordée à celui
de nos prélats qui appuïera le
moins fur les cas de confcience,
Mr. L'archévêque de R.. a été
propofé, mais comme il a été
long tems en commerce fcanda-
leux

leux avec un de fes grands vi-
caires on l'a rejetté : Mrs. les
card. de Gèv.., et de Luy.. ont
été défignés depuis pour faire le
fervice par femeftre. Cependant
comme l'un ne fait pas lire, et
que l'autre n'a pas encore lavé
(z) fon foufflet, on eft incertain
de la decifion de fa maj...

L'univerfité de Paris, s'étant
rendue en corps à Verfailles,
pour faire des repréfentations
fur les malheur du tems ; le
recteur qui eft un homme he-
riffé de fcience, a rapellé au roi
dans fon difcours toutes les ca-

_____

(z) Mr. de Luy. étant capitaine de dragons
et aïant reçu un foufflet s'en vengea en prenant
le petit collet le lendemain.

ta-

taftrophes, qui ont fuivi les révolutions tant dans l'hiftoire
ancienne, que dans la moderne,
il a pouffé l'erudition jufqu'à
nommer quarente rois, qui ont
été aveuglés par des favoris,
qui les ont perdus, &c. &c.
Ce difcours éloquent qui était
divifé en trois parties, et fub-
divifé en cent, s'eft terminé par
des larmes de la part du recteur, et un très grand mal de
tête de la part du R.. qui heureufement pour la nation, a
fouppé dans les petits appartemens, d'où il eft forti pour
aller digerer tranquillement
cette harangue. Le chancel...
a fait adminiftrer le fouet à

toute

toute la députation pour l'engager à revenir souvent.

Mr. de Maup... aïant été averti que l'on avait mis dans le coffre de fa voiture quarante livres de poudre, et que la mêche devoit être allumée par un de fes laquais a fait arrêter ce malheureux qui devait étre appliqué à la queftion, mais on l'a trouvé mort deux heures après qu'il a été arrêté. Ce qui intrigue fort le chancel... déjà très effraié de fon aventure des barrieres (a).

_____

(a) Le chancel... a failli être affommé à coups de pierre près la porte de la conférence, par les écoliers du collége des quatre nations, les commis de la barriere l'ont fauvé malheureufement pour la France.

F 4

Nou-

Nouvelles fécrettes.

ON a trouvé il y a quelque tems dans l'égoût du boullevard une voiture de barils renverfés les uns fur les autres avec trois effigies pendues au timon en habits de caractére; l'une étoit en abbé, l'autre en fimarre, l'autre en manteau ducal : On afait les perquifitions

tions les plus attentives, mais on n'eſt parvenù juſqu'ici qu'a connaitre quels ſont les pendus?

La même nuit on a trouvé la ſtatue équeſtre d'un de nos rois, toute couverte de l'ordure qui provenait d'un baril dont il étoit coëffé juſqu'aux épaules ; ceux qui ont fait le tour ont choiſi un baril dans l'office des amateurs, qui deſſervent les foſſes de Paris.

L'attachement du R.. pour madame du Bar... lui eſt venu des efforts prodigieux, qu'elle lui fait faire, au moïen d'un baptême ambré dont elle ſe parfume interieurement tous les jours.

jours. On ajoute qu'elle joint à cela un secret dont on ne se sert pas encore en bonne compagnie.

Les deux charges à cordon possedées ci devant par Mſſrs. de Marign.., et de St. Florent.., l'ont été succeſſivement par Mrs. Terr.., d'Alig.., Maup.., et Phelipe... *archévêque de Bourges.* Il a parù plaiſant que ce prélat reſſemble aſsès à Mr. le duc de la Vrill.. ſon parent, pour que l'on ait dit, que c'étoit un cordon ajouté aux armes de ſa ville (b).

_____

(b) Les armes de la ville de Bourges ſont un âne dans un fauteuil.

L'avo-

L'avocat Linguet a été rayé du tableau pour avoir fait les panégiriques de Tibére, et de Mr. le duc d'Aiguil...

Mr. le duc de Penth... s'eſt mis aux faints pour toute nouriture, pour faire pénitence, et expier les fautes des miniſtres de ſon Couſin, on dit qu'il conjure le ciel dans ſes prieres de leur faire faire une bonne mort, s'ils ont le malheur d'être pendus.

Les ſouppers des petits appartemens ſont plus volupteux que jamais, la comteſſe du Bar... a ſubſtitué aux froides épigrammes, et au cérémonial guindé quindé de la marquife de P.. la gaieté franche, et les plaifirs bruïans de la courtille. Il ne manque dans ces banquets que la figure de Ramponeau, qui eſt remplacé par le marquis de *Xi-mén.* et Mr. de *Maup...*

La nation Françoiſe eſt ſi mal conſtituée aujourd'hui, que les gens robuſtes ſont ſans prix ; On aſſure qu'un laquais qui débute à Paris eſt payé auſſi cher par les femmes qui s'en ſervent, qu'un cheval de race en Angleterre ; Si ce ſyſtême prend faveur une génération, ou deux ſuffiront pour rétablir les tempéramens.

Il

Il parait depuis quelques jours un mandement contre le Priap... par M. l'évêque de St. Brieux qui depuis son aventure (c) n'a pù encore se guerir de cette maladie. Ce qu'il y a de plus étonnant, c'eſt qu'il eſt dans cet état à la ſuite d'une fraïeur.

Le duc de St. Mèg... a été chargé d'aller recevoir Mde. la comteſſe de Prov... pour la prevenir ſecrettement ſur ce qu'on

---

(a) L'évêque de St. Brieux aux états de Brétagne, aïant voulù violer la femme d'un des magiſtrats du parlement. Cette Lucrèce pour ſe délivrer de ſes perſecutions, prit l'épée de ſon frere dont elle bleſſa tıès dangereuſement ſa grandeur.

lui

lui devait faire à son arrivée en
France.

Quand le duc de Richel... a
vù que le duc de Fron.. se con-
duisait avec honneur dans l'af-
faire des Pairs, il l'a désavoué
pour son fils, et n'a plus voulu
vivre avec lui.

La fécondité s'est glissée dans
le couvent des filles de la con-
ception, où le St. Esp... a fait
dix miracles en une nuit.

Le R.. aïant bronché en cou-
rant la poste avec madame la
comtesse du Bar.., a été relevé
par Mlle. Mazelot.

Pour prévénir les incestes qui
se commettent en France par
le

le clergé, il fera permis aux prêtres à l'avenir de prendre des
femmes au lieu de fe fervir de
leurs fœurs.

Le prince de Clerm. croïant
fa confcience intereffée au commerce qui reftait entre lui, et
Mlle. le duc (devenue marquife)
a ceffé tout à coup de la voir
pour s'attacher à une fille de
quinze ans, que lui a procuré
fon aumônier, ce bon prêtre
penfant que les plus grands pechés aux yeux de Dieu font
les pechés d'habitude.

Le fieur Keif. a mis les dents
poftiches fi à la mode en France,
que la plus grande partie des
dames

dames de la cour, s'en font procurées par fon moïen, pour remplacer les naturelles qu'il leur fait tomber.

On joue fouvent la comédie chez Mme. la comteffe du Bar..; on affure, que Mr. le chancel... eft fi bon comédien, qu'il prend toutes fortes de rôles.

Lorfque les moufquetaires portérent l'ordre de fe rendre au palais *aux différens membres de la cour des aides*, plufieurs eurent l'humanité de refter avec leurs femmes, pour les tranquilifer, et leur faire prendre des remedes contre les vapeurs.

On

On a fupprimé la charge de valet de chambre pourvoïeur dont étoit revêtù le fieur le Bel... Les gentilfhommes de la chambre aïant prêté ferment entre les mains du chancel... pour faire le fervice par quartier.

On dit que le duc de la Vaug... à l'imitation de Louis XI. a une image de la vierge dans fa poche, avec la quelle il s'arrange à chaque fottife qu'il veut faire ; il lui en coûte plus, ou moins d'*ave Maria* felon l'entreprife.

Tout Paris eft allarmé de l'alliance monftrueufe de Mr. le duc

G

duc de la Vrill... avec une
panthére renfermée à la ména-
gerie depuis dix ans ; les na-
turalistes sont effraïés de ce qui
en résultera. La superieure
de la salpêtriere s'est fait faire
un enfant par le boureau de
Paris, pour pouvoir allaiter ce
cher Nourrisson sans le déna-
turer.

Le prince Louis de R.. a
été surpris dans une maison de
débauche par le commissaire
Form.. et deux exempts, qui
sans aucun égard pour son rang
lui ont fait signer le formulaire
d'usage en ces sortes d'occasions.
Je confesse avoir connù la
nommée

nommée Rofalie fille de joye, juf-
qu'à folution parfaite, en foi de
quoi, je me fuis fouffigné (d).

Les modes Angloifes font reçues aujourd'hui fi générale-
ment à Paris que tous les agré-
ables vont rendre leurs vifites
du matin, en habits Anglois
qu'ils appellent *fracs* à la *roaft*
beef. Sans leurs dentelles, leurs
talons rouges les gands couleur
de chair, et la poudre rouffe, la
reffemblance ferait parfaite.

(d) Formule de profeffion de foi des prêtres
furpris en flagrant délit : le fait eft d'autant
plus vrai à l'égard du prince Louis qu'il le
nie, et qu'on affure, qu'il n'a jamais dit la
verité.

G 2 Le

Le marquis d'Ec..rs aïant préfenté Mr. de Mon..tel fon beaufrere a Mme. la comteffe du Bar.. il a été abfous de fon goût pour les enterremens, de fes cabrioles, et de fes pechés d'habitude avec les prêtres de St. Roch (e).

Mme. la maréchale de Mire... qui a fervi de bonne a madame la comteffe du Bar.. pendant trois ans. S'eft perdue fans retour dans fon efprit pour avoir voulù partager fa tendreffe entr'elle et une autre de fes éléves

_____

(e) Mr. de Monmar..l a été fi inconftant qu'il a donné le mouchoir tour à tour à toute fa paroiffe.

qui

qui a été prefentée furtivement au parc aux cerfs.

Les quatre maifons de Paris les plus honnêtes après celles de mefdames Gourd.., et Briff.., font celles de mefdames la prin-ceffe d'Anh.., la comteffe d'Au-xo.., de madame de la Fourn.., et de madame de Roche.. ch.. trem.. tous les étrangers y font reçus à bras ouverts : On dit que madame la comteffe de Nan-cr.., madame de Buff.., et les dames hardwi.. ajoutent à cet accueil obligeant des *foupers couchers* très confolans pour les malheureux.

La

La fille du duc de Fleur..
vient d'entrer aux mousque-
taires noirs, où elle a été reçue
par le marquis de la riviere
Cornette de cette compagnie
qui a obtenu en face d'églife
la permiffion de lui faire des
enfans.

Le R.. commençant à faire
un calendrier, madame du Bar..
lui a choifi pour fubftituts le
comte de Luge.., et le jeune
marquis de Chabrill..., dont
elle avoit éprouvé les talens avant
fon élévation, ainfi que le marquis s'en eft accusé lui même (f).

Pour

(f) Le marquis de Chabrill... apprenant à
Montelimart, où il étoit exilé, l'élévation de
ma-

Pour diminuer l'affluence lors du mariage de monſieur le Dauph.., on fut obligé de défendre le jeu, qui a été annoncé cette année pour attirer du monde à la cour ſans que cela ait produit aucun effet.

Les princeſſes n'aïant pas envie de danſer, ont demandé au roi (immédiatement après le banquet) la permiſſion d'aller s'affliger à Paris.

---

madame la comteſſe du Bar.. s'écria en préſence de vingt officiers de ſon régiment " quelle heureuſe Cha..p.. jai eu ?" On lui demanda pourquoi ? " C'eſt que c'eſt elle qui me l'a donnée, " et qu'elle m'en dédomagera ſurement."

G 4   Le

Le marquis Duch... (g) fameux alchymiste vient d'être
mis à la Bastille pour la qua-
triéme fois et toujours sous le
même prétexte, mais on est enfin décidé à lui tirer son secret
de gré ou de force ; ce projet
tient en suspens *tous les four-
naux et les athanors* de nos
philosophes, qui sont très in-
quiets pour leur compte ; le

(g) Le marquis Duch... n'a aucune fortune
connue, dépense cent mille livres par an, est
très généreux, et part tous les ans pour aller
chercher de quoi païer les dettes qu'il fait sur
les fins de son séjour à Paris : son existence a
toujours paru impénétrable on le soupçonne *de
scavoir faire de l'or, de fixer le Mercure, de Blan-
chir le Diamant,* &c. Mais jamais il ne se met
à portée d'être *deviné.*

plus

plus grand nombre, des (foi
difans) *adeptes* a pris le parti
de s'evader, de peur qu'en les
fixant à la Baftille, on ne leur
ota le moïen de fixer le mercure.

Il y a des Paris très confidérables à la cour, que dans fix
mois il n'y aura plus aucun vefti-
ge des parens, créatures, et amis
de Monf. de Choif.. à Verfailles
ni dans les places de confiance ;
le chancel... a déjà cullebutté
le duc de Gont..., le baron de
Bret..., le baron de Bezenw...,
l'ambaffadeur de Naples, &c.
&c. ce qui annonce vraifem-
blablement encore quelques
culle-

cullebutes que les gens qui s'y
attendent féront bien de prévenir.

Quand la derniere promo-
tion fut annoncée, et que les
promus furent remercier monfieur de Monteyn...; ce miniftre leur dit avec une douceur
pleine de bontè, *j'ai fuivi
Mrs. le travail de Mr. de Choi-
fe...; vous ne me devez point
de reconnaiffance foyés convaincus
que vous n'auriés rien obtenu fi
j'avais confulté mon opinion fur
votre mérite:* les nouveaux élus
pénétrés de cette réception, lui
firent la révérence et fe rétirè-
rent.

Les

Les princes, et feize pairs,
auraient été exilés fans le prince
de Soubi.. et Mr. Bert.., qui
ont tempéré la bile du chancel... en lui faifant obferver que
fi cette démarche ne rempliffait
point fon objet, il était perdu
fans retour ; fes intérêts per-
fonnels ont empêché qu'il ne
fe foit livré pour cette fois *à*
fon humeur maffacrante.

Quand le maréchal de Ri-
chel.. fut inftruit que fon fils
étoit du nombre des ducs pro-
teftans, il fe rendit dans fon ap-
partément l'épée à la main, et
lui enjoignit de fe défifter fur
le champ ou qu'il le tuerait ?
Mais

Mais le duc de Fronf.. *qui n'eſt pas fort reſpectueux* s'étant mis en défenſe, et aïant proteſté à ſon père qu'il le chargerait, s'il ne remettait pas ſon épée ; le maréchal (qui n'avait pas prévu la réſiſtance) rendit les armes à ce nouvel Abſalom, et lui donna ſa malédiction en pleurant pour ſe dédommager.

Mr. le marquis de Maille-b... après s'être fait circoncire eſt parti pour aller commander l'armée Turque, il a écrit au Rôi, et au tribunal des lettres foudroïantes. Son ſerail ſera compoſé de douze femmes qui prendront avec elles douze

femmes

femmes de fervice chacune pour la defferte nocturne de ce nouveau Mahometan ; le marquis emmene pour premier eunuque le prefident de Perigny, que Keifer vient d'operer à cette occafion.

Les confeffeurs de Paris ont ordre de faire le travail avec le lieutenant de pol..., pour tout ce qui leur fera confié relativement aux affaires du gouvernement ; il y a tous les jours des gens emprifonnès par cette porte, qui s'appelle la porte des fots.

Le fameux (h) diamant de Mr. *de Buffi, grand Butin,* aïant été

(h) Le roi de Golgonde a fait prefent à Mr. de Buffi d'un diamant eftimé huit cent mille livres Tournois.

con-

voité par madame du Bar.. elle le
lui a fait demander deux, ou trois
fois; mais fur fon refus de le vendre, et fon peu de penchant à en
faire cadeau, elle s'eft décidée à
fe fervir du nouveau parlement, *et
de l'édit de Decembre* pour le
faire confifquer à fon profit; heureufement pour monfieur de
Buffi que les muets, et les cordons
ne font pas arrivés de Conftanti-
nople.

Il y avait fi bonne compagnie
au bal paré qui s'eft donné à Verfailles pour le mariage du comte
de Prov... que le prince de Sou-
bife y a été volé de fa bourfe et
plufieurs autres perfonnes de leurs
montres. Nou-

Nouvelles extraordinaires.

LA querelle de la cour des aides, de la chambre des comptes, et du nouveau parlement dans l'églife des auguftins, aurait eu des fuites terribles, fi ces bons moines ne fe fuffent avancés avec des fceaux d'Eau bénite pour éteindre le feu qui commençait a prendre aux perruques.

Mr.

Mr. de Caumartin intendant de Lille, vient d'obtenir de fa majefté la liberté de porter le grand cordon de St. Louis, afin d'avoir meilleure grace, quand il ira voir des filles ; ce qui lui arrive fouvent (i) *quoiqu'il ait une maitreffe en pied.*

Le chancel... a fait publier un édit qui remet St. Ignace, et St. François Xavier en poffeffion des honneurs divins, dont ils ont été privés pendant dix ans ; *comme*

(i) Mr. de Caumartin eft chancelier de l'ordre de St. Louis par la démiffion de Mr. de Paulmis toutes les créatures de la cour depuis quatre ans tiennent à un cordon bleu ou rouge les autres *couleurs* ne font, pas encore diftribués, on attend fans doute ? le fin de la piéce.

cau-

cautions de la banqueroute du pere la Vallette.

L'abbé Meffier a découvert le purgatoire le premier avril de cette année, tout Paris s'eft rendù à l'obfervatoire pour fe convaincre de cette découverte, très utile à la Sorbonne pour fonder fes argumens, et au cler-gé en général pour fe relever.

Mr. de Valdah.. (k) mouf-quetaire vient d'obtenir au Par-lement de Metz la Permiffion

---

(k) Monfieur de Valdahon a eu un procès qui a duré dix ans, contre le peie de fa femme, qui après la certitude la moins équivoque de ce qui s'étoit paffé entr'eux ; a mangé plus de la moitié de fon bien pour empêcher Mr. de Val-dahon de réparer l'honneur de fa fille.

H   de

de coucher avec mademoifelle
Lemon... malgré fon père, qui
eſt condamné à païer foixante
mille livres *de Bougie* pour é-
clairer la cérémonie.

Il eſt arrivé à Paris une
trouppe de Savoïards très ex-
perts *dans l'art de ramoner* ;
les femmes de la cour fe pro-
pofent d'en tirer parti, pour dé-
tâcher les vieilles croûtes, que
la faibleffe des ramoneurs François a pu laiffer à leurs chemi-
nées.

Mr. le comte d'Eſt...ng ancien commandant des iſles fous
le vent, vient d'étre reconnù
bâtard de fa maifon, et en cette
quali-

qualité a le droit de porter à
l'avenir *une barre dans fes
armes* ; comme il était accoû-
tumé à jouir d'une confidéra-
tion qu'il n'obtient plus ; il a
pris le parti d'aller étre modefte
à la campagne.

Madame la comtesse de Pro-
...a donné un bal à messieurs
du nouveau parlement pour
plaire a fa majefté, qui lui a
ordonné de danfer avec Mr. de
*Sauvigny le premier danfeur du
roïaume :* on compte, que tant
chevaux, que ducs, laquais, et
magiftrats ; il y a eu huit
cents ames à Verfailles, qui ont
paffé la nuit.

H 2   En

En ouvrant le tombeau de la
maifon de Matignon, on a
trouvé une machoire, qui embaraffe fort *le prince de Mona..*
et la faculté confultée à ce fujet;
elle reffemble fi parfaitement *à*
une machoire d'âne, que l'on
croirait que c'en eft une, fi l'on
n'était fur qu'il n'y a jamais eu
que des gens de la maifon in-
humés dans ce tombeau.

On a découvert un Char-
treux, qui toutes les nuits for-
tait de fon couvent pour aller
deffervir *la fupérieure, et la*
maîtreffe des novices de port roïal,
Une réligieufe, qui n'avoit pas
coûtume d'être deffervie, l'aïant
aper-

aperçû a fait un cri, qui a at-
tiré deux de fes compagnes
avec les quelles elle en a fait
confidence le lendemain à tout le
monde en caquettant à la grille.

Le marquis de Soy.. Cour, a
qui le R., n'avoit pas laiffé le
droit de tuer les lapins, qui
broutent fon parc de mai-
fons (1) ; eft en marché de
vendre ce fuperbe château a
madame du Bar... qui y eft
tombée par hazard en chaffant ;
les chiens qni pourfuivaient une

_____

(1) *Maifon* eft un chateau fuperbe connu de,
de tous les étrangers, que le mis de foye court
a refufé de vendre plufieurs fois le duc de Noail...
lui *à défendu la chaffe* à cette occafion jufque dans
fon parc, de la part du roi.

H 3 *bête*

bête puante aïant été mis en dé-
faut par le marqnis qui se pro-
menait dans son avenue.

Mr. de Monmar... s'eſt a-
bonné au nécrologe et dans
toutes les paroiſſes pour être
averti des batêmes, proceſſions,
et enterremens qu'il aime beaucoup (m).

On compte à Paris plus de
deux mille femmes, où filles
entretenues, qui ont eu le crédit de faire enfermer leurs pères

---

(m) Mr. de Monmar.. aime tant les cérémo-
nies de l'égliſe, que l'on avait fait courir le bruit
qu'il s'enfermait dans la ſacriſtie de St. Roch
avec les prêtres habitués de cette paroiſſe pour ſe faire
donner la diſcipline.

leurs

leurs frères, et leurs maris. Le duc de la VrilL.. autrefois paraphait lui même les patentes de captivité de ces malheureux, mais ce font aujourd'hui fes fécrétaires, qui les expédient conjointement avec un chevalier que l'on dit être de la maifon d'arc en ciel (n).

L'archévêque de Rheims n'eft pas encore aux petites maifons comme cela avoit été annoncé, il n'entrera dans cette communauté que quand le pére

---

(n) On vient d'imprimer fon hiftoire par épifode, dans les gentilleffes du petit faint, ou les trois têtes dans un bonnet; ouvrage nouveau très riche en anecdotes eft très rare.

H 4　　　　Ange

Ange, son successeur saura faire
la révérence et se présenter ; il
est actuellement entre les mains
d'un maitre de danse qui a
beaucoup de peine à le déve-
loper pendant ce tems Mr. de
la Rocheaym.. a la feuille, conjointement avec madame la
comtesse du Bar...

On apprend que les épaules
de Mr. le duc de Vill... se sont
reconciliées avec la canne de
Mr. le duc de Fronf... sans l'in-
tervention des maréchaux de
France (o).

(o) Mr. le duc de Fronf... dans un moment
de vivacité a proposé des coups de canne à Mr.
le duc de Vill... qui ne s'est pas formalisé de
cette *offre.*

La

La cour de France encoura-
gée a donner des feux d'artifice par la superiorité de celui
de l'année derniére, en a donné
un à Versailles qui heureuse-
ment n'à couté la vie à personne
quoique il y ait eu cent mille
fusées de tirées et dix mille
personnes à Versailles que l'a-
bondance des vivres a déter-
miné à se coucher sans soupper.

Le Mar... de Rich... (p) a
gagné le prix de la course au

_____

(p) Le prince de Cont. aïant demandé au
mal de Riche... jusqu'à quand il serait le valet de
Maup..? ... et le Mal lui aïant répondu par une
autre question (jusqu'à quand il serés vous dés-
obeissant au roi?) le prince a couru après lui pour
le lui dire à l'oreille, mais il n'a pu se faire en-
tendre.

col-

collyfée en fuïant le prince de Cont.. qui l'a pourfuivi la canne levée jufqu'à fon caroffe.

Le camp de Compiegne fera compofé cette année de cinquante mille hommes fur l'avis qui a été donné au control... gé..ral que tous les huiffiers du roïaume s'étaient ligués pour l'arrêter comme banqueroutier.

CLEF

C L E F

DE

Anecdotes et Nouvelles.

PAGE 13, *tous les fecré-taires*, &c. La détention d'un particulier puni, et dés avoué pour avoir mal pris fes mefures, ne prouve point qu'il nait pas été corrompù.

Page 16, *En inftalant*, &c. Le difcours du chancel... eft un Tiffu de Sophifmes, qui dit

à

a peu près, ou fuppofe *au moins*
tout ce, que renferme cet ana-
lyfe.

Page 17, *Il y a eù quelques*
morts, &c. La délation, les
efpions, et toutes les horreurs
fouterraines de la police, font
fi familiéres en France, que
l'homme, le plus ignoré, eft
tranfparent pour le gouvernement en huit jours. Quand
cela n'arrive pas, on s'en affûre
pour le queftionner quelquefois on le fouftrait fans retour.

Page 19, *On affure que*, &c.
Mr. Rouil., fut un miniftre af-
fez médiocre, ce qui fit dire
qu'il n'étoit pas étonnant, de
voir

voir la marine malmenée par un *roulier*, c'eſt l'affabilité de *Mr. de Boyſ..* qui fait qu'on le compare à un *cheval borgne.*

Page 20, *On vient d'eriger,* &c. C'eſt une maniére de conſeiller cet établiſſement, qui ſerait en bonnes mains.

Page 23, *Il court une lettre,* &c. Cette lettre a été effectivement envoïée à tous les princes et pairs ; elle ſe trouve imprimée dans toutes les gazettes, hors celle de France qui ne parle que de la lotterie militaire, des accouchemens, et de ce qui ſe paſſe à la chapelle.

Idem.

Idem. *Le chevalier de St.*
Prieſt, &c. Ce n'eſt encore
qu'une prophétie, mais il y a
toute apparence, qu'elle ſera
réaliſée, avant celles de Mahomet, &c.

Page 24, *Le chancel... ſup-*
prime, &c. Il ſerait bien à
ſouhaiter en France qu'il y eut
quelques milliers de moines en
uniforme de grénadiers, et quelques centaines d'abbés à leurs
tête ; ils ſeroient plus utiles à
l'état avec un mouſquet, ou un
hoïau à la main, qu'avec le
goupillon dont ils arroſent les
imbéciles.

Page 25, *Il s'eſt trouvé*, &c.
Cette anecdote eſt très vraïe, et
l'auteur n'en eſt pas connu ;
c'eſt elle qui a occaſioné la petite altercation, entre le chancel... et le lieutenant de police.

Page 28, *La petite maiſon*,
&c. Une opération ſecrette
eſt une trahiſon, un aſſaſſinat,
un empoiſonement, &c. ce ſont
des gentilleſſes politiques dont
les miniſtres Turcs, et François regalent quelques fois leurs
bons amis.

Il y a toutes les nuits, &c.
Les jéſuites de robe courte ſont
des gens qui ſont païés, ou qui
païent pour faire rentrer en
France

France leurs confréres de robe longue, ils espérent encore se relever par la révolution qui vient de se faire dans le gouvernement.

Page 32, *Messieurs du nouveau*, &c. Il n'y a personne à Paris qui ne souffre du trouble des affaires, hors les espions, les guichetiers, quelques aventuriers et une femme qui les a produit.

Page 34, *Il va paraître*, &c. La réduction des intérêts, qui a précédé celle des capitaux a preparé les malheureux à qui il reste encore l'ombre de leur ar-

argent à une extinction pro-
chaine de ce qui leur reste.

Idem. *On a affiché,* &c.
Les trois grands hommes dont
il s'agit ici, ne feroient pas
trop punis, s'ils n'avoient que
le nèz, et les oreilles couppées.

Page 36, *Mr. de Maup...,*
&c. La méthode de Mr. de
la Vrill... est de faire mourir
son monde à petit feu, à sup-
poser (toutefois) que cela ne
presse pas, il s'arrange alors au-
trement.

Page 37, *On ajoutera incef-
famment,* &c. Il y a deux ducs
dans les prétendùs maréchaux
de France designés ici, que

I   l'on

l'on se garde bien d'aſſimiler
aux autres c'eſt par une autre
raiſon de convenance, qui leur
eſt propre dont ils n'ont pas
beſoin d'étre inſtruits ; *il s'agit
de quelque choſe oppoſé au courage* ; voilà tout ce qu'on peut
leur dire décemment à cet é-
gard.

Page 41, *Le maréchal de
Richel..., &c.* On ſauverait par
cette voïe le pillage ſubalterne
des gens de loi, qui deſcendent
à des details trop au deſſous
d'un maréchal de France, pour
craindre que le lit d'un vieil-
lard, d'un moribond, d'une
femme en couche, fut enlevé
par

par les contributions : cette hor-
reur se voit tous les jours dans
les provinces par les commis de
la ferme.

Page 43, *Il est ordonné de
tirer*, &c. Ce corps pourait
avoir son avantage pour le peuple, s'il lui prenait fantaisie de
demander quatre têtes ; y com-
pris *celle de la sultane favorite,
et du grand vizir François.*

Page 45, *Il est confirmé que,*
&c. Cette prétendue mala-
die de Mr. de Prasl.. est un
allusion à la mechancété, dont
on l'accuse, et aux effets qu'elle
peut produire en fermentant
dans l'oisiveté.

Page

Page 46, *Quand M. de Môn-*
teyn...., &c. Les corses sont
vindicatifs, et regardent les Génois qui les ont vendu comme
des traitres, ils reconnaitront
pour maitre le roi de France,
jufqu'à ce que les Anglois vien-
nent les délivrer.

Idem. *Les corses, &c.* Ils
ont mutilé un officier de la lé-
gion de corse, mais c'est pluftôt
un confeil qu'on leur donne ici
d'ouvrir cette branche de commerce (tant pour le pape, que
pour le Turc) qu'une hiftoire de
Fait.

Page 47, *Le roi aiant befoin,*
&c. Cette pafquinade fait image,

age, et présente l'opulence militaire, ainsi que la magnificence
du gouvernement envers les officiers reformés.

Page 51, *Les filles de Paris,*
&c. Il y en a beaucoup, qui
ont vécu dans la plus intime
familiarité avec la comtesse qui
leur a fait accorder toutes les
graces, qu'elle aurait voulu obtenir autrefois.

Idem. *La cour des monnoies,*
&c. On a prétendu, que l'un
des projets du chancel... étoit
de hausser la valeur, et d'alté-
rer le titre des monnoies en
France ; mais la mêche a été
éventée.

Page 52, *Mr. de Sartine, &c.*
Cet établiffement eft fait pour
prouver au peuple qu'un Baril
eft bon à quelque chofe.

Page 53, *En plaçant les fouches, &c.* Cet extrait des deux
difcours du chancel... fe trouve
non feulement, fidèle dans le
fens, mais dans les termes dont
il s'eft fervi.

Page 55, *Le punch eft,* &c.
La Moitié de cet article eft vraie,
l'autre eft un confeil aux gens
en place, dont ils ont *grand befoin.*

Page 57, *Madame la comteffe
du Bar.., &c.* Il n'y a perfonne à la halle, qui n'apprenne
ce

qu'étoit Ste. Nicole, par un proverbe, qui fert de comparaifon
aux femmes, qui fe l'addreffent.

Page 60. *Monf. le duc de
Vills.*, &c. Le malheureux baron de Vaxen aïant une jolie
femme dont il étoit jaloux, a été
envoïé dans une prifon par une
lettre de cachet ; *pour apprendre
l'ufage du monde*, pendant que
le duc couche avec fa femme.

Page 62, *Il eft enjoint de nouveau*, &c. La cacomonade eft
une puiffance Américaine, qui
regne aujourd'hui dans toute
l'Europe ; elle réalifera avant
peu la chimére de la monarchie

I 4   uni-

universelle, qui a coûté tant de
sang à l'empire Romain.

Page 64. *Par lettres patentes*,
&c. Tout le monde sait ce que
peut faire *un Carme...*, *un corde-*
lier..., *un muletier...*, *un garde*
Suisse.... On croit que sans faire
tort à la cour des aides, elle serait remplacée avec avantage.

Idem. *Un arrêt du Parle-*
ment, &c. Les gens superstitieux
appellent cette jaunisse du duc
d'Aigu..., et l'accident arrivé au
petit saint, les jugemens de Dieu;
il serait plus glorieux pour la
France que ce fussent les jugemens des hommes.

Page

Page 70, *Mr. le duc de Bour-
bon*, &c. Ce sont les valets de
chambre qui l'ont dit; c'est
un traitement fort honnête
pour une princesse, on souhaite
que ce là continue.

Page 71, *Mr. de Monteyn*,
&c. Cette dignité ne sera accordée ni à l'argent, ni à la
faveur, elle exigera nécessaire-
ment du mérite.

Page 73, *Le bruit court que*,
&c. Cette aventure peut bien
ne pas être toute vraïe, mais on
est assuré qu'elle n'est pas toute
fausse.

74, *Le pere Ange*, &c. On
assure que la comtesse du Bar..
est

est fille de ce moine, et d'une
servante de campagne (sa cuisi-
niére,) qui la mit au monde
dans un petit prieuré de la
Brie, où cette chère production
monacale a été élevée jusqu'à
l'âge de dix ans ; ce fut a cet
âge, qu'une courtiére ambu-
lante ravit à ce saint homme le
fruit de ses exercices pour l'en-
traîner dans le centre du liber-
tinage, où toute la France l'a
vûe plongée si long tems ; son
début fut dans la sphére la plus
modeste, et a été sujet à d'étran-
ges révolutions pendant près
de quinze ans : On l'a vu d'a-
bord courir à pied sous les lan-
ternes

ternes de Paris .... de là aller au palais roïal, *qui a été le fémi-naire de tant de marquifes* .... de là elle a eu des petits meubles, et un amant commode, qui a com-mencé à l'eclairer par fes con-feils .... de là elle s'eft affociée au comte du Bar.. pour donner à jouer *au vingt-un*, préfenter fes placets à la police, et attirer du monde chez lui .... de là elle a eu cent mille livrés de dettes, et un caroffe à crédit qui a commencé à lui donner de l'importance dans le monde .... de là elle a été liée avec Ma-dame de St...d .... qui lui a amené le bel valet de chambre

af=

affidé d'un très grand prince
avec qui elle a fait un voïage
à Versailles *pendant la nuit;*
de là enfin elle est sortie com-
tesse, a été présentée, logée, au
château, d'où elle a chassé *une*
princesse deux ministres, et tous
les honnêtes gens qu'elle a pù
trouver.

Idem. *La famille roïale,* &c.
dans la primitive église les têtes
couronnées se fustigeaient à la
porte des temples, pour réparer
le scandale qu'ils avaient donné,
ici c'est une expiation privée
qui convient mieux à la dé-
cence des mœurs de nôtre siécle.

Page

Page 75, *Les parlemens de Douay, Pau, Trevoux*, &c. Ces parlemens ont eu la nonchalance de se taire et la lacheté de s'en glorifier.

Idem. *Mr. le comte de Pro-v...* Ces essais ont été pour prévenir ce qui est arrivé à Mr. le Dauph. ., qui n'a consommé que le 26 mars de cette année une cérémonie du mois de May de l'année derniere.

Page 78, *Pigalle est chargé*, &c. Ce monument vaudrait mieux pour prévenir dans l'avenir pareil accident, que la superstitieuse fondation des messes que la ville de Paris a
des-

destiné au soulagement des
ames étouffées, qui sont encore
en purgatoire. . . . . . les anecdotes. Rélatives au guet sont
des faits connus.

Page 80, *On a débité*, &c.
On propose Madame Gourdan
pour cette présentation à fin
d'eviter les difficultés qu'auraient pû faire d'autres femmes,
de se charger de ce soin, qui
est un des devoirs *de son métier.*

Page 81, *On dit tous bas*,
&c. Les trois prélats désignés
ici sont ceux qui approchent
le plus du cardinal de Bernis,
qui a pris, et distilé douze oeufs
frais en douze tems bien mar-
qués

qués pendant l'espace de trois heures.

Idem. *Longchamp a été*, &c. On contestera, peut être à la belle comtesse, le droit de composer un équipage aussi magnifique, et à l'auteur la verité de son histoire, mais il ne garantit rien ; si son correspondant avoit ajouté *un attelage :* comme il croit à la possibilité de le trouver à la cour, il l'auroit rendu avec la même naiveté.

Page 82, *Mlle. Romans,* &c. Monsieur de Croismare a été sur le point d'épouser Mlle. Romans, les six eléves font une ressource, que l'on offre à cette

belle

belle *délaiſſée* en cas que cela eut lieu.

Page 84, *Le confeſſeur du roi,* &c. Les anecdotes des pages, du grand vicaire, du soufflet, ſont connues de tout le monde, ſi l'auteur ſe trompe c'eſt avec le public.

Page 85, *L'univerſité de Paris,* &c. L'univerſité comme fille ainée du roi *(terme d'uſage dans les patentes, relatives à l'univerſité)* eſt en droit de lui faire ſes remontrances, et le roi comme ſon pere a le droit de la faire foüetter.

Page 89, *La meme nuit,* &c. Si ce caſque roïal avoit été *ombragé*

bragé de tous les pannaches
que la comtesse aurait pu y
ajouter, le piedestal se serait
écroulé à coup sûr.

Idem. *L'attachement du roi,*
Les mouches Cantarides, le di-
abolino, l'essence de géroffle, les
batêmes ambrés, &c. sont des in-
ventions de nôtre siécle dont la
débilité eut été incurable sans
ces secours ; l'auteur ne peut
rendre le secret de mauvaise
compagnie dont se sert la comtesse sans blesser la bonne, tout ce
qu'il peut dire decemment est
que ce secret est un diminutif
des erreurs philosophiques.

K   Page

Page 91, *Monfieur le duc de Penthievre*, &c. Ce prince eft très dévot, et chanterait le *falve* de tout fon cœur en cas d'accident.

Page 94, *Le roi aïant bronché*, &c. Cette chûte eft ce qui s'appelle en terme de bonne compagnie, un manque d'attention ; chez la comteffe, ou les périphrafes ne font pas en ufage, on rend cette idée par le mot *rater*.

Idem. *Pour prévenir*, &c. Les pénitentes, les niéces, les coufines, et fouvent les fœurs des prêtres catholiques, fervent à les confoler du régime, que

leur

leur fait obferver la cour de Rome. Heûreux les païs, ou ils ne vont pas plus loin !

Page 95, *Le fieur Keyfer*, &c. Les Paftilles de cet habile homme ont la propriété merveilleufe de faire tomber les dents gâtées et de gâter les bonnes.

Page 96, *Lorfque les moufquetaires*, &c. Le plus âgé des porteurs de lettres de cachet n'avoit pas vingt-cinq ans, ce qui empêcha les femmes de la cour des aides d'aller faire du bruit au palais en accompagnant leurs maris.

K 2　　　　Page

Page 97, *On dit que le duc
de la Vaug...* &c. La dévotion de ce duc paffé pour une
hypocrifie, madame de Teffé
en eft convaincue.

Idem. *Tout Paris et allarmé,*
&c. Il n'y a qu'une panthére qui puiffe remplacer la
marquife de Langh... qu'une
panthére qui puiffe s'allier au
duc, qu'une panthére enfin qui
ne rifque rien à fe laiffer caref-
fer par lui.

Page 100, *Madame la Maréchale,* &c. C'eft une bonne
vieille femme, qui eft propre à
faire toutes fortes de parties,
qui joue au *wifk,* qui boit du
                              punch

punch qui connait des petites filles, et ne gêne personne.... mais la comtesse aïant eu à s'en plaindre elle a été forcée d'aller enfouir ses petits talens.

Page 101, *Les quatre maisons*, &c. C'est un avis pour les étrangers qui ont trop d'argent, ces bonnes dames ont des amis sûrs, qui font parfaitement les honneurs de leurs maisons, il est utile de dire pour rassurer les joueurs que les trois femmes qui donnent des souppers couchers, ne sont qu'intendantes de leurs jeunes amies.

Page 103, *Pour diminuer*, &c. L'absence des princes de plusieurs ducs, de beaucoup de grands

grands feigneurs, et de prefque
toute la nobleffe Françoife, a
dû laiffer un vuide, que malgré
les priéres générales faites a tout
le monde on n'a pu remplacer.

Page 105, *Il y a des Paris
très confidérables,* &c. La
brigue qui regne aujourd'hui,
fauterait avant fix mois, fi le
roi n'étoit environné d'une nouvelle cour, dont l'honnêtété
eft évidente puifqu'elle eft le
choix du chanc... et de la comteffe, qui ont donné au roi
(fans qu'il s'endoute) une nouvelle compagnie de gardes qui
s'appellent *les gardes manteaux.*
Ces gardes empêchent tous les

gens

gens d'honneur d'approcher de la cour.

Page 106, *Quand la dernière promotion*, &c. Cette affabilité de Monf. de Montey.... est un esquisse fort légère de fa douceur naturelle qui va jusqu'à la bénignité.

Page 107, *Les princes, et seize pairs*, &c. La chanc... n'a pas ose faire le faut de peur de se casser la nuque.

Page 108, *Mr. le marquis de Mailleb...*, &c. Cet officier géneral est le meilleur homme de guerre qu'il y ait en France, ce qui a determiné les autres à se liguer contre lui, pour que

la

la nation foit battue à fon ordi-
naire fi la guerre fe rallume.

Page 110, *Il y avoit fi bonne
compagnie*, &c. Madame la
princeffe de Gue.... à perdu fon
braffelet au bufet, en recevant un
verre de limonade d'un homme
bien vêtù qui s'empreffa de la
fervir, ce qui confirme tout ce
que l'on poura dire de plus fort
fur l'agilité des gens qui ont été
reçus dans ce bal.

Page 111, *La querrelle*, &c.
C'eft une querelle fur les preffe-
ances, ce font des procès ver-
baux, ce font des mots, &c. &c.
&c.

Page 114, *Il eft arrivé*, &c.
Une

Une femme respectable a trouvé cet article un peu gras, *on lui demande pardon s'il est resté.*

C'est pour avertir les femmes qui peuvent avoir besoin de cette ressource.

Idem. *Mr. le comte d'Estaing,* &c. Tout le monde sait à Paris, cette histoire dans ces détails qui sont trop longs pour être rapportés ici. Il suffit de dire qu'un Charon est devenu comte malgré un autre comte qui n'est plus rien.

Page 116, *En ouvrant le tombeau,* &c. Il y a des gens, qui soutiennent qu'une machoire est un meuble héréditaire, ce qui serait facheux, si celle du fameux

Ma-

Matignon dont on relève les faillies étoit reftée dans la famille.

Page 122, *Le camp de Compiegne*, &c. C'eft la premiére fois qu'on aura vù un prince dégarnir fes frontiéres pour garder fa perfonne.

ERRATA.

IL y aura peu de fautes de relevées dans cet *errata* l'auteur aïant abandonné, la ponctuation, et beaucoup d'erreurs topographiques à la correction fes lecteurs, il le contentera d'en diminuer le nombre, et de remarquer un anacronifme *fur la grange chancel...* échappé à la rapidité avec la quelle cet ouvrage a été écrit ; il demande pardon à l'académie Françoife s'il n'eft pas auffi févére qu'elle, ç'eft qu'il n'efpére pas avoir l'honneur de faire corps dans cette augufte compagnie, qui peut trouver chez elle tous les zéros dont elle aura befoin fans lui.

E R R A T A.

Pag.	Lig.	
16	6	profitte, lifez profite
19	8	facrifier, lifez facrifiés
22	9	les politiqus, lifez politiques
23	10	Mr. d'Arembert, lifez d'Alembert
24	9	fans aucune formalité, lifez *à cette occaſion*
31	1	intermediare, lifez intermédiaire
32	14	obbligée, lifez obligée
34	9	privilège, lifez privilèges
35	3	*La grange Chancel*... lifez *Boiſſi*
id.	6	égalment, lifez egalement
37	3	après un nouvel ordre, effacèz *motion*
id.	15	marquife de Lang... lifez de Longh...
39	11	a...nus, lifez Agnus
44	12	fera armés, lifez fera armée
47	1	Lacquais, lifez laquais
51	4	de la note, s'etandait, lifez s'étendait
62	16	receller, lifez receler
63	12	trovant, lifez trouvant
id.	15	s'agifait, lifez s'agiſſait
64	2	affura le roi, lifez aſſura au roi
67	2	renfermé, lifez enfermé
70	11	jufqu'aux fix fois, lifez jufqu'à fix fois
72	19	les aves, lifez les actes
73	3	Pierre En cife, lifez pierre encife
85	*note* (z)	fupprimés la toute entiere
110	1	voité, lifez convoité.
112	6	de la note, le fin, lifez la fin
119	4	de la note, *eſt*, lifez et
121	4	*il* effacèz ce mot.

www.ingramcontent.com/pod-product-compliance
Lightning Source LLC
Chambersburg PA
CBHW060800110426
42739CB00032BA/2341